AF397964

MARCUS BROWN

EIN JAMAIKANER IN DEUTSCHLAND

novum pro

Bibliografische Information der Deutschen Nationalbibliothek:

Die Deutsche Nationalbibliothek verzeichnet diese Publikation in der Deutschen Nationalbibliografie. Detaillierte bibliografische Daten sind im Internet über http://www.d-nb.de abrufbar.

Alle Rechte der Verbreitung, auch durch Film, Funk und Fernsehen, fotomechanische Wiedergabe, Tonträger, elektronische Datenträger und auszugsweisen Nachdruck, sind vorbehalten

Gedruckt in der Europäischen Union auf umweltfreundlichem, chlor- und säurefrei gebleichtem Papier.

© 2022 novum Verlag

ISBN 978-3-99131-164-5
Lektorat: Leon Haußmann
Umschlagfotos: Pixattitude, Meinzahn | Dreamstime.com
Umschlaggestaltung, Layout & Satz: novum Verlag
Innenabbildungen: Kirk White

Die vom Autor zur Verfügung gestellten Abbildungen wurden in der bestmöglichen Qualität gedruckt.

www.novumverlag.com

Meine Kindheit

Jüngstes von 4 Kindern zu sein, brachte viele Nachteile. Alles erfuhr ich als Letzter und ständig musste ich kleine Gefälligkeiten für meine Geschwister erledigen. Meine Brüder hatten viel Einfluss im Bereich Martial Arts Training, und zwar vertraten sie mehrmals die Mannschaft Großbritanniens bei den Judo-Weltmeisterschaften. Die waren groß! Der Einfluss meiner Brüder hat mich sehr erhärtet. Oftmals wurde ich von meinen Brüder als Figur benutzt, um im Garten irgendwelche neuen Judogriffe auszuprobieren. Dieses Ereignis fanden meine Nachbarn über den Zaun von nebenan immer lustig anzuschauen. Aber die Erfahrung härtete mich ab. Früher wurde ich auch mit Judo aktiv, machte es aber nur meinen Brüdern nach.

Der Einfluss meiner Mutter

Meine Mutter tat ihr Möglichstes, uns auf die richtige Richtung im Leben bringen. Sonntags gingen wir alle regelmäßig in die Kirche, und bis heute spielt der Religion eine große Rolle in meinem Leben. Zumal halte ich noch heute den Kontakt zu Bekanntschaften von damals.

Zudem war meine Mutter eine tüchtige Geschäftsfrau, die viel mit dem Verkauf von Schönheitsprodukten zu tun hatte. Im Auftrag meiner Mutter hatten meine

Meine Mutter

Geschwister die Tätigkeit dafür als die Schulden zu sammeln. Oftmals klopften sie an Türen von Nachbarn, um zu behaupten: „Unsere Mutter meinte, wir dürfen deine Türtreppe nicht ohne das geschuldete Geld verlassen." Es war amüsant anzuschauen.

Valerie

Während meiner Kindheit waren meine 4 Jahre ältere Schwester Valerie (kurz Val) und ich unzertrennlich. Obwohl wir es nie zugeben würden, sahen wir verblüffend ähnlich aus. Einmal sogar sagte mir jemand aus der Nachbarschaft:

„Ich habe gerade deine Schwester gesehen."

Ich fragte: „Ich wusste nicht, dass du meine Schwester schon kennst."

Er antwortete: „Nein, ich kenne sie nicht. Aber sie sieht genauso aus wie du!"

Meine Schwester und ich gingen sowohl zur Grundschule als auch zur Hauptschule zusammen. Oftmals half sie mir gegen die Schikanierung in der Schule. Die Zeit mit meiner Schwester Val zusammen an der Hauptschule verlief harmonisch. Zumal gab es überhaupt keine Verteilung durch Kulturgruppen. Damals in der Schule gab es keine Rassentrennung. Meine besten Kumpels von damals waren sowohl ein Chinese als auch ein Pakistani.

Zuhause damals stellte meine Schwester eine Regelung zur Benützung ihrer Geschirrstücke auf. Da die Geschirrstücke zu einer Sammlung gehörten, war die Regelung: „Mach eins kaputt, kauf sechs zurück!" Hart, aber wirksam. Ich musste viel Geld fürs Geschirr ausgeben! Aber es gab mir den Anreiz, ihr Geschirr nicht kaputt zu machen.

Stark war meine Schwester auch. Einmal, als sie mich mit ihrem Fernseher in meinem Zimmer erwischte, zog sie den Stecker des Fernsehers heraus, und im Alleingang trug sie den Fernseher die Treppe hoch zu ihr nach oben. Ich sah nur verblüfft mit offenem Mund nach.

Einmal fuhren wir zusammen sogar im Urlaub nach Spanien. Dort stritten wir so viel miteinander, dass einige Touristen dachten, dass wir verheiratet waren!

Val konnte gut Sopran im Chor in die Kirche singen. Zudem war ihr schauspielerisches Talent nicht schlecht. Einmal ergatterte sie die Rolle als „Annie Oakley" im Film „Annie get your gun" an der Schule. In dieser Rolle musste sie auch singen.

Was Sport betrifft, spielte sie anfangs Netball, aber später im Leben entwickelte sie sich zu einer begeisterten Hockeyspielerin.

Nachdem sie die Hauptschule mit 18 verlassen hatte, arbeitete sie ununterbrochen bei der Bank.

Val

Val und ich

Tragödie

Der frühe Tod meiner Mutter mit 50 war eine Tragödie. Meine liebevolle Mutter starb an Brustkrebs, als ich erst 13 war. Sie hatte damit viel gelitten. Alles ging schnell. Plötzlich war sie weg. Mit 13 verstand ich alles nicht. Oftmals sagten mir einige Familienmitglieder: „Sie ist von uns gegangen." Darauf wollte ich wissen „Wohin?" und „Wann kommt sie zurück?"

Der Tod meiner Mutter erschütterte die ganze Familie zutiefst. Sicherlich war meine Mutter das Bindeglied für die ganze Familie. Danach ging die Familie auseinander. Ich erinnere mich noch an die Zeit direkt nach der Beerdigung meiner Mutter. Im Flur diskutierten meine älteren Geschwister zusammen über ihre nächsten Pläne im Leben. Plötzlich schauten die beiden zu mir runter mit der Frage: „Und was machen wir nun mit ihm?"

Mein Bruder heiratete mit 21, dann haute er bald ab. Meinen Vater sah ich viel weniger zuhause, er war oft mit fremden Frauen unterwegs. Nur meine Schwester blieb pflichtbewusst länger bei mir zuhause, bis ich 18 war. So oft wie möglich übernahm sie die Mutterrolle, es war hart für ein junges Mädchen. Sie war meine Vertrauensperson Nummer 1. Ständig bombardierte ich sie mit Fragen, aber ich bekam immer eine Antwort. Sie war wirklich ein Engel!

Familienfoto

Spannung mit meinem Vater

Um ehrlich zu sein, war mein Vater nie da gewesen, und wenn doch, gab es im Nachhinein immer eine gewisse Spannung zwischen uns beiden dabei. Die Lage eskalierte völlig an meinem achtzehnten Geburtstag, als er mich mit dem Gürtel windelweich schlug, während ich noch im Schlafanzug lag. „Dies ist ein Geburtstag, den du nie vergessen wirst!", schrie er währenddessen. Natürlich hat er völlig recht, von meiner Kindheit erinnere ich mich am meisten an diesen Geburtstag. Bis heute halte ich meinen Körper in Form, um nie wieder so eine Situation zu erfahren, oder vielleicht, um mich wehren zu können, wenn doch?

Die Nachwirkung des frühen Todes meiner Mutter bleibt unbeschreiblich. Sicherlich führte es auch dazu, dass ich mich an nichts für eine längere Zeit festsetzen könnte, immer auf der Suche nach etwas Besserem und nie zufriedengestellt.

Beruflich in London

Meine berufliche Laufbahn war als Verkäufer geprägt. Ich probierte einige Verkaufsbranchen aus, z. B. Teppich-Reinigungsmittel von Tür zu Tür verkaufen, Mobiltelefone an Firmen verkaufen, sogar am Telefon Werbeplätze im Auftrag von Charitäten verkaufen. Außerdem arbeitete ich einmal als stellvertretener Manager im Schuhgeschäft. So liefen die Höhepunkte meiner beruflichen Laufbahn als Verkäufer in London.

Nach einer traumatischen Kindheit in London war ich fest entschlossen, eine andere Richtung einzuschlagen. Einen Tapetenwechsel könnte ich gut gebrauchen, und nebenbei wollte ich mich endgültig von der Kontrolle meines Vaters befreien.

Eine verhängnisvolle Affäre –
Die Geschichte von Marcus und Julia

Marcus dachte immer, er könnte eine langfristige Liebesbeziehung nur mit einer Frau aufbauen, die ähnlich wie er gelitten hatte. Mit 13 verlor er seine Mutter an Brustkrebs/Leukämie. Seine Mutter hatte eine kurze Zeit sehr gelitten, und plötzlich war sie weg. Marcus war zu jung, um diese Tragödie wirklich zu verstehen. Mit 16 verlor auch Julia früh im Leben ihre Mutter.

Erste Begegnung

Die beiden begegneten sich ganz zufällig bei der Arbeit im großen Einkaufszentrum. Es war die Liebe auf den ersten Blick, obwohl die beiden davon nichts wussten. Er arbeitete im Schuhgeschäft, sie im Klamottenladen in der Nähe. Es funkte zwischen den beiden sofort. Später bei einer Party machte Julia den ersten Schritt. Während sie halbwegs auf der Treppe saß, stieg Marcus plötzlich hinauf und zufällig begegneten sie sich. Julia stürzte mutig auf ihn mit einem Kuss zu. Zuerst war Marcus überwältigt, trotzdem gefiel es ihm und er erwiderte den Kuss. Sie gingen beide raus. Ganz zufällig war auch eine stark regnerische Nacht und so wirkte es noch romantischer.

Es gab leider ein Problem: Marcus war mit einer schwarzen Frau liiert. Zudem war diese Frau schon bei seiner Familie bekannt. Marcus hatte Schuldgefühle, seine Freundin betrogen zu haben. Nichtsdestotrotz machte er einfach weiter mit der Liebesaffäre mit Julia, einer weißen Frau. Diese verbotenen Früchte schmeckten ihm unheimlich gut!

Erwischt!

Danach konnte diese dreieckige Beziehung nicht andauernd weiter gehen. Die zwei Welten würden eventuell zusammenstoßen. So war es. Tage später vergnügte sich Marcus zuhause mit Julia. Plötzlich klopfte seine Freundin an der Tür und erwischte ihn. Danach gab es ein großes Geschrei auf beiden Seiten und einige Tränen. Sogar sein vorbeigehender Nachbar beobachtete die ganze Situation, ging aber schnell weiter, um sich nicht einzumischen. Wütend schrie Marcus' „Ex-Freundin" ihm zu: „Ich hoffe, am Ende kriegst du AIDS!"

Nicht sehr nett. Er sah sie nie wieder.

So fing alles turbulent zwischen Marcus und Julia an. Die zwei wussten damals nicht, wie weit sie beide von dieser verhängnisvollen Affäre geprägt sein würden. Unterschiedlicher könnten die beiden nicht sein, trotzdem fühlten sie sich stark miteinander verbunden.

Widerstand der Familien

Die Familien auf beiden Seiten waren gegen die Fortsetzung der Beziehung. Marcus' fünf Jahre älterer Bruder, ein praktizierender Prediger, beschrieb es so: „Getrennt sind die beiden gut, aber wie Dynamit, wenn die zusammenkommen." Zudem behauptete er, da die beiden mutterlos waren, seien die beiden blind und würden die ganze Zeit nur damit verbringen, gegenseitig die blinden Winkel des Partners zu decken. Anschließend meinte er, die beiden würden sich letztendlich gegenseitig zerstören. Heftig!

Hintergrund des Paares

Marcus war ein Junge aus dem Süden Englands, während Julia ursprünglich aus den Norden von England kam. Marcus war in einer streng gläubigen Familie großgezogen worden. Er kam aus relativ armen Verhältnissen. Jeden Sonntag ging er mit der Familie in der Kirche. Julia hingegen ging widerwillig in die Kirche; nur für drei Dinge. Wie sie es so eloquent darstellte: „matches, hatches und despatches" (entweder die Taufe, die Hochzeiten, oder die Beerdigungen).

Julia war ein Mädchen aus den Norden, aus reichem Familienhaus. Sie schwimmt in Geld! Monatlich bekam sie eine beträchtliche Geldspritze von ihrem Vater. Aber Julias Vater drohte, letztendlich den Hahn zuzudrehen, wenn sie die Beziehung mit Marcus nicht zügig beenden würde. Nichtsdestotrotz blieben die zwei Turteltauben zusammen, trafen sich regelmäßig allein bei Marcus zuhause.

Leider setzte Julias Vater seine Drohung um und beendete tatsächlich ihren monatlichen Geldzuschuss. Natürlich war dies für Julia schmerzhaft, sie blieb aber trotzdem mit Marcus zusammen.

Marcus studierte jahrelang in der Schule. Julia hingegen studierte nie, hatte aber ein Gespür fürs Geschäft. Noch dazu hatte sie einen Sinn für Humor. Ihrer Meinung nach ist ein Mann nicht auf der Suche nach ihrem Bibliotheksausweis, wenn er die Hände unter den Rock einer Dame steckt! Kurz und gut war Marcus ein Bücherwurm, während sie eine Geschäftsfrau war. Aber die Gegensätze ziehen sich bekanntlich an.

Umziehen nach Spanien

Monaten später wohnten sie in einer relativ kleinen Wohnung zusammen. Julia war die treibende Kraft von den beiden. Die Macherin. Irgendwann kam sie auf die Idee, nach Spanien umzuziehen. Außer Familienbindungen gab es keinen Grund, in England bleiben zu müssen. Julia war fest entschlossen, nach Spanien reisen, mit oder ohne Marcus. Sie setze ihm die Pistole auf die Brust.

Man könnte behaupten, Julia zeigte sich ziemlich narzisstisch. Den Einfluss von Marcus' Familie auf ihn merkte Julia immer und wollte ihn lieber davon trennen. Als Narzisst wollte sie lieber ihren Partner von allem isolieren, damit sie totale Kontrolle über ihre Beziehung ohne fremde Einwirkung sichern konnte. Langsam gefiel auch Marcus die Idee, mit Julia nach Spanien umzuziehen.

Abschied

Kurz vor der Abreise nach Spanien verabschiedete sich Marcus von seiner Schwester. Seit dem Tod ihrer Mutter war die Beziehung zwischen Marcus und seiner vier Jahre älteren Schwester stärker geworden. Grundsätzlich übernahm sie die Rolle seiner Mutter so oft wie möglich. Von daher gab es sowohl Tränen als auch Schmerz, als Marcus sie zum letzten Mal an ihrem Arbeitsplatz besuchte. Danach fuhren die beiden los nach Spanien.

Rückzahlung der Kaution

Ihr Vermieter versprach, das Geld für die Kaution im Lauf der Zeit nach Spanien zu überweisen. In Spanien angekommen, ergatterten sie eine schöne, erschwingliche Wohnung auf Benalmadena, in der Nähe von Malaga. Sofort erkundigten sie sich telefonisch nach der Überweisung der Kaution. Die beiden waren nämlich auf das Geld angewiesen. Irgendwie eskalierte der Anruf zu einem Streit. Anschließend legte der Vermieter einfach den Hörer auf!

Dumm gelaufen. Jetzt saßen Marcus und Julia in Spanien auf dem Trockenen, anscheinend hoffnungslos. Sie erreichten einen deutlichen Tiefpunkt. Sie waren dazu gezwungen, einfach zuhause zu hocken und von Zigaretten und Essensresten zu überleben. Es sprach sich bald herum, wie ernst die Lage der beiden war.

Time-Sharing

Zuerst probierten Marcus und Julia aus, Time-Share zu verkaufen. Es ging darum, Touristen auf die Straße ansprechen, um ihr Interesse für eine „Time-Sharing" Firma zu erwecken. Die Firma brauchte junge Leute wie Marcus und Julia, um die

Touristen von den Straßen weg zu ziehen und paarweise ins Taxi zu laden, um zur Firmenzentrale zu fahren. Dort angekommen, werden die Touristenmit verschiedenen Verkaufstaktiken bombardiert.

Grundsätzlich verkauft die Firma Urlaubswohnungen und verfügt über mehrere Wohnungen. Um die Provision zu erhalten, mussten die für die Firma auf die Straße arbeitende junge Leute die Touristen paarweise von der Straße holen, um sie mit dem Taxi zur Zentrale zu transportieren. Witzig war es einmal, als einige junge Leute das Wort „Paarweise" wortwörtlich nahmen, indem sie einfach ein paar Schäfchen im Taxi schoben!

Marcus und Julia probierten diese Arbeit aus. Leider hielten sie es nicht länger als einen Tag aus. Auf der Straße herumstehen fühlte sich für Julia an wie Prostitution. Sie ging schleunigst wieder nach Hause. Bei Marcus dauerte es aber ein paar Stunden länger. Jedoch war es auch für ihn schwer, einfach auf der Straße herumstehen, um Touristen anzulocken.

Autos transportieren

Währenddessen sprach ihn ganz zufällig ein junger schwarzer Mann an. Er hieß Simeon und bot Marcus etwas äußerst Interessantes an: Marcus wurde die Welt der Transportierung von Autos von Spanien nach Morokko vorgestellt. Anscheinend gab es auf Marokko eine große Nachfrage für Autos aus Spanien. Regelmäßig wurden Autos von Spanien nach Morokko transportiert. Damals war es ein großes Geschäft. Simeon brauchte Marcus entweder als Fahrer oder um als Passagier mitzumachen. Dafür könnte Marcus viel Geld in einer kurzen Zeit verdienen.

Da weder er noch Julia einen Führerschein besaßen, mussten sie als Passagiere mitfahren. Marcus kehrte nach Hause zurück, um Julia alles zu erzählen. Julia war davon sehr begeistert und wollte sich unbedingt mit Simeon treffen, um mehr darüber erfahren.

Von da an übernahm anscheinend Julia das Kommando. Bald trafen sich die drei, um alles zu arrangieren. Alles wurde akribisch geplant. Sogar die Überreste des Fast Foods wurden teils im Auto gestreut, um den Eindruck zu vermitteln, sie seien als Touristen unterwegs.

Ein paar Tage später fuhr jemand mit den beiden als Passagiere bis Ceuter, Marokko. An der Grenzkontrolle wurden sie von einem eingeweihten Mitglied des Personals durchgelassen. Sowohl Simeon als auch Marcus stiegen kurz aus dem Auto. Das Personalmitarbeiter sprach gerade mit einigen Polizisten. Julia saß die ganze Zeit nervös im Auto. Spannender konnte die Situation nicht sein. Marcus ballte die Fäuste (als ob er sich damit gegen die bewaffneten Polizisten wehren könnte!). Nach ein paar Minuten waren sie doch von der Polizei durchgelassen. Das Geschäft der Transportierung von Autos über die Grenze war nicht illegal, aber gleichzeitig nicht ganz legal. Marcus konnte deutlich erkennen, wie dabei heimlich einige Geldscheine gewechselt wurden. Danach gab es gemeinsam ein Aufatmen der Erleichterung, und das Auto wurde weiter zu einem Haus in Morokko gefahren.

Auf Morokko angekommen

In der Tiefgarage des Hauses sahen Marcus und Julia die zahlreichen Luxusautos im Wert von locker einige Millionen Euro geparkt. Nie zuvor hatten die so viele Luxusautos auf einem Fleck gesehen. Mit offenen Mündern standen die zwei nur da, um alles zu realisieren. Danach wurden sie nach oben im Haus geführt. Dort wurde viel Haschisch durch die Pfeife geraucht. Bei so viel Drogen in der Luft fingen Marcus und Julia an zu halluzinieren. Trotzdem lief alles ohne Gefahr, da Simeon alles im Griff hatte.

Später fuhr jemand Julia und Marcus unbefleckt nach Spanien zurück. Das Abenteuer auf Marokko blieb für die beiden ein Leben lang unvergesslich.

Der Rückkehr nach Spanien

Bald ergatterte Julia irgendwie eine Arbeit im Rotlichtviertel. Hinter der Theke kellnerte sie in einem Swingerclub. Damit war sie in ihrem Element. Sie konnte sich nicht nur aufdonnern, um die Nacht mit Arbeit zu verbringen, sondern auch, um regelmäßig zwielichtigen Leute zu begegnen.

Tagsüber jobbte auch Marcus als Tellerwäscher hinten in einem italienischen Restaurant. Nachts lockte er die Touristen zu einem Nachtklub an. Er stand nämlich vor der Tür des Klubs, während er die Werbezettel des Klubs an vorbeigehende Touristen aushändigte.

Tellerwäscher

Hinten in der Küche lief die „echte Show" im Restaurant. Da geht's richtig los. Sowohl der Chefkoch als auch die Mitarbeiter schreien herum, während erheblich mehr Aktivität als vorne im Restaurant stattfindet. Täglich bekam Marcus gutes Essen, frisch zubereitet.

Manchmal war die Atmosphäre hitzig. Einmal hatte der Chefkoch große Sorgen, da die Einnahme des Restaurants erheblich weniger waren als erhofft. Vielleicht hatte der Chefkoch auch häusliche Probleme. Marcus wählte den falschen Zeitpunkt, um mit dem Chefkoch zu streiten. Plötzlich ging der Chefkoch schreiend vor Wut mit einer Axt auf Marcus los! Zum Glück ging sein Sohn dazwischen und bremste ihn.

Gesetzlich konnte Marcus im Restaurant lediglich die Tätigkeit als Tellerwäscher ausüben. Die lokale Polizei kontrollierte regelmäßig Geschäfte wie dieses. Falls die Polizei ihn erwischte, würde er sofort aus Spanien rausgeschmissen. Zudem käme ein Stempel in seinen Pass sowie der Hinweis „Persona non Grata" (Person unerwünscht). Als Tellerwäscher ist das Leben unsicher und gefährlich!

Live Show

Im Swingerclub bekam Julia mittlerweile mit, dass sie für eine Live Sex Show auf der Bühne zu zweit das doppelte Gehalt verdienen könnte. Natürlich musste Marcus mitspielen, um paarweise mit Julia aufzutreten. Widerwillig machte er mit, und bald traten Julia und Marcus vor einem Publikum von Liebespaaren auf, um die Paare zum Sex zu stimulieren. Leider konnte Marcus wegen zu viel Nervosität nicht „performen". Einige Damen im Publikum bekamen seine Aufregung deutlich mit und hatten Mitleid mit ihm. Einige wollten sogar in der Live Sex Show mitmachen, aber es war hoffnungslos. Die Aufregung bei ihm war zu stark.

Trotzdem verdienten sowohl Marcus als auch Julia für die Show nicht schlecht.

Ein Leben in Spanien, geprägt von Drama, Unsicherheit, Alkohol und Drogen. Nach 6 Monaten in Spanien fing alles zwischen den beiden an zu bröckeln. Andauernd gab es Streitigkeiten zwischen den beiden. Marcus ging fremd. Julia fand es heraus. Marcus' Fehltritt goss noch mehr Öl ins Feuer. In so einer Kleinstadt wie Benalmadena sprach sich sowas herum. Demzufolge fing der Freundeskreis der beiden an, Partei zu ergreifen. Da Marcus den Kürzeren zog, entschied er sich, kurz danach nach London zurückzukehren, während Julia länger in Spanien blieb. Ein paar Wochen später kehrte jedoch auch Julia nach London zurück.

Die zwei versuchten, ihre Beziehung auf sicherem Boden in London fortzusetzen. Sehr schnell gewöhnten sich die beiden an das Leben in London. Zusammen schmuggelten sie sich in eine Wohnung im Osten von London hinein. Seit Wochen stand nämlich diese Wohnung leer.

Allmählich gelangen es beiden, Fuß zu fassen. Bald arbeiteten die zwei zusammen. Julia ergatterte die Rolle als stellvertretende Vorsitzende einer Wohltätigkeitsorganisation. Regelmäßig arrangierte die Firma Wohltätigkeitsveranstaltungen. Marcus wurde auch als Geldsammler am Telefon eingestellt. Täglich fuhren die zwei zusammen zur Arbeit, arbeiteten 8 Stunden im Büro zusammen, und danach fuhren zusammen nach Hause.

Deutlich eine große Last für die Beziehung. Als Ventil gewöhnten sie sich daran, abends wieder zu kiffen.

Anfang vom Ende?

Inzwischen bekam die Behörde langsam etwas mit von ihrer Besetzung der Wohnung. Marcus und Julia wurden beraten, die Wohnung schleunigst zu verlassen. Demzufolge ergatterte sich Marcus irgendwie eine Wohnung im Süden von London, seiner wahren Heimat. Ungern wollte er aber die Wohnung mit Julia teilen. Er betrachtete diese neue Wohnung als ein Zeichen, um frisch anzufangen. Zudem wurde das Feuer in der Beziehung endgültig ausgelöscht. Kurz danach trennten sie sich voneinander, gingen in ganz unterschiedliche Richtungen weiter. Marcus zog allein in die neue Wohnung ein, studierte moderne Sprachen an der Universität, während Julia ein Kind von einem anderen Mann zur Welt brachte. Jetzt sehen die zwei sich nie mehr.

Besser so, laut vielen!

Deutschland entdecken

Offensichtlich bin ich Marcus. Ich hatte immer eine Begabung für die Sprachen. Früher sprach mein ältester Brüder fließend Französisch. Seine Begeisterung, Fremdsprachen zu lernen, hatte sowohl mich als auch meine Schwester beeinflusst. Jedoch dauerte es sehr lange bis ich die deutsche Sprache lernte, die ich vorher zu halsig und kompliziert betrachtete. Mark Twain zitierte einmal zum Spaß: „Wenn ein Deutscher einen Satz anfängt, siehst du ihn nicht mehr, bis er endlich auf der anderen Seite des Atlantiks mit dem Verb im Mund auftaucht!"

Zurück in die Schule

Zwar fand ich die deutsche Sprache immer am schwierigsten von allem, trotzdem wusste innerlich, darin lag den Schlüssel zum Erfolg. Nach vielen Jahren drückte ich wieder als reifer Student die Schulbank. An einer Universität in London studierte ich im internationalen Studiengang moderne Sprachen. Französisch und Deutsch waren meine ausgewählten Sprachen.

Meiner Meinung nach fängt die französische Sprache einfach an, wird aber erheblich schwieriger im Lauf der Zeit. Bei der deutschen Sprache fand ich das Gegenteil. Die deutsche Sprache wurde als emotionslos bezeichnet. Da fand ich bei mir einen Zusammenhang. Nach dem frühen Tod meiner Mutter fühlte ich mich längere Zeit emotionslos und leer. Man könnte sagen, die deutsche Sprache passte zu meinem psychologischen Zustand. Einmal wurde ich sogar von einer ehemaligen Freundin als emotional kastriert bezeichnet!

Ich kapierte die deutsche Sprache sehr früh. Im ersten Jahr des Studiums schrieb ich ironisch die Wörter „unterbewusstes Plagiat". Im Jahr 1! Allein mit diesem Spruch lenkte ich die gesamte deutsche Belegschaft auf mich. Einer bemerkte: „Er hat was!"

Während der Zeit als Student gab es viele Momente der Einsamkeit. Schließlich war ich dort als ein reifer Student, der das Lehrprogramm anders als meine jüngeren Mitstudenten betrachtete. In den ersten Jahren war die Gruppenbildung nach Kulturen an der Universität deutlich zu erkennen. Ich fand es unmöglich, mich in diese Gruppen einzumischen. Sicherlich spielte auch der Gruppenzwang eine Rolle.

Im dritten Semester mussten wir 6 Monate sowohl in Deutschland als auch Frankreich verbringen. Viel besser gefiel mir die Zeit in Deutschland, da mir die Deutschen geselliger vorkamen. Während der Zeit in Rennes, Frankreich, blieb ich abends oftmals mit einer Flasche Wein allein zuhause. In Frankreich war erheblich schwieriger, sich zu integrieren.

Später im Studium traf ich auf meinen Deutsch-Professor und guten Freund. Während seiner langen Rede über die deutsche Politik schaute er wie gewöhnlich zum Publikum, um zu sehen, ob jemand seine in die Rede eingebauten Witze durch Mimik oder Geste verstand. Bei meinen Reaktionen merkte er mein Verständnis.

Im vierten und letzten Semester mussten wir entweder Politik oder Wirtschaft als Abschlussprüfung auswählen. Mein Deutsch-Professor redete mir ein, mich für sein Fach zu entscheiden. Mit dem Versprechen, mir wertvolle berufliche Hilfe anzubieten. Unter dem Einfluss meines Deutsch-Professors (der alte Fuchs!) entschied ich mich letztendlich für die deutsche Politik. Jedoch bereute ich diese Entscheidung nie.

Nach dem Universitätsabschluss 2006 schrieb mein Deutschprofessor wie versprochen eine hervorragende Referenz für mich. In kurzer Zeit reiste ich nach Deutschland, um die Stelle als Fremdsprachenassistent in einem Gymnasium für ein Jahr anzunehmen. Als Engländer fand ich den Namen ziemlich komisch und dachte gleich an die Arbeit bei einer Sporthalle! Natürlich war das nicht der Fall.

Als Fremdsprachenassistent musste ich die Englischlehrer begleiten und unterstützen. Die Schüler waren vor allem begeistert von Sachen, die ich aus der Heimat mitbrachte, wie z.B. meine Karte zu UBahn-Verbindungen.

Sport

Ich war immer ein begeisterter Sportler. Früher spielte ich gern Fußball. Sonntags ging ich mit Freunden aus der Nachbarschaft zum Park, um Fußball spielen. Ich trat auch für mehrere Mannschaften an. Zumal lebte ich Badminton spielen.

Als ich zum ersten Mal vollzeitig nach Deutschland ankam, um eine Stelle als Fremdsprachenassistent anzunehmen, wohnte ich in einer Kleinstadt. Damals war abends nicht viel los. Zum Zeitvertreib spielte ich entweder Fußball oder Badminton. Leider hatte ich zu viel angenommen. Während des Badmintonspiels erlitt ich ein Achillessehnenriss. Fast eine Woche blieb ich im Krankenhaus. Damals sagte mir der Arzt: „So eine Verletzung ist für junge Männer zwischen 30–40 gewöhnlich." Danach entschied ich mich, viel kürzer zu treten. Weder Fußball noch Badminton spielte ich weiter, erschrocken von der ganzen Erfahrung im Krankenhaus. Das war wirklich ein Weckruf für mich!

Trotzdem blieb ich ein begeisterter Sportler. Früher gab es bei mir die Zeit des Kickboxing. Wöchentlich fuhr ich regelmäßig mit einem begeisterter Martial Arts Experten zum Training mit. Zudem trat ich mehrmals bei Turnieren an und gewann sogar die Trophäen ein paar Mal. Heute noch bin ich sportlich aktiv. Bei mir im Keller richtete ich sowohl Crosstrainer als auch einen Boxsack ein. Es geht nichts über den Boxsack zu hauen, um richtig Dampf abzulassen!

Neue Liebe, neues Glück

Zu dieser Zeit traf ich beim Faschingsfest meine ehemalige deutsche Freundin. Es funkte zwischen uns beiden sofort, obwohl 9 Jahre Unterschied zwischen uns lagen. Bald waren wir unzertrennlich. Jedoch wussten wir beide, dass mein Aufenthalt in Deutschland damals auf ein Jahr befristet worden war. Am Ende des Vertrags kehrte ich widerwillig nach England zurück. Trotz der Entfernung blieben wir in Kontakt. Inzwischen besuchte sie mich sogar in London.

Langweilig in London

Meine Rückkehr nach London erwies sich als überraschend langweilig. Zwar jobbte ich kurz als Französischlehrer in Teilzeit (eine erfrischende Abwechslung) vor einer Gruppe schwarzer Kinder an einer Kirchenschule, trotzdem war auch die Sehnsucht, nach Deutschland zurückzukehren, stark.

Meine deutsche Freundin hatte zwei Kinder. Da ich mehr Flexibilität hatte, entschied ich mich, endgültig nach Deutschland zurückzukehren.

Wieder in Deutschland

Im Jahr 1999 zog ich demzufolge nach Deutschland um, um als Dozent an einer Hochschule sowohl Wirtschafts- als auch Allgemein-Englisch unterrichten. Es war schwer, vollständig als Lehrer in Deutschland tätig zu sein. Mir wurde an der Hochschule jedes Jahr nur vorgegaukelt, eventuell einen langfristigen Vertrag zu kriegen. Am Anfang fand ich die Tätigkeit als Lehrbeauftragter in Deutschland relativ rigid, da maximal nur 8 Unterrichtseinheiten erlaubt sind. Über 10 Jahre dauerte meine Tätigkeit als Lehrer in Teilzeit an der Hochschule. Kaum vorstellbar!

Sicherlich war diese Tätigkeit der Höhepunkt meiner beruflichen Laufbahn in Deutschland. Am Ende fühlte ich mich von dieser Hochschule ziemlich veräppelt! Anscheinend wurde ich als unbefristeter Lehrbeauftragter in Teilzeit eingestellt. Wie erwähnt, veräppelt!

Die Reise nach Zaragoza

Im Sommer 2003 während der Sommerpause der Fachhochschule ergatterte ich eine Arbeit als Englischlehrer im Sommercamp einer Schule auf Zaragoza, Spanien. Ich musste die Schüler im Alter zwischen Klasse 9 bis 13 unterrichten. Bevor ich anfing, wurde mir einige Regelungen zugeteilt:

1. Da es zu heiß ist, wäre es besser, wenn ich in kurzer Hose im Unterricht auftrete.
2. Ich muss nur auf Englisch mit den Schülern reden, nicht auf Spanisch.
3. Während des Klassenunterrichts darf ich auf keinen Fall das Fenster öffnen.
4. Vormittags unterrichte ich die schwierigen Themen wie Grammatik. Nachmittags, wegen der Hitze, lieber leichtere Übungen oder Spiele mit den Schülern machen.

Einige der Regelungen nahm ich nicht so ernst und wurde dafür bestraft: Einmal während des Unterrichts,, entschied ich mich mal das Fenster zu öffnen, da es extrem heiß geworden war. Plötzlich schrien einige Schüler auf mich ein: „Bitte, machen Sie das nicht!"

Zu spät. Sofort flogen mehrere Fliegen in das Klassenzimmer herein. Die waren überall. Ich probierte, so gut wie möglich den Unterricht fortzusetzen. Während ich etwas am Schwarzen Brett schrieb, merkte ich langsam, dass sich die Fliegen nur für mich interessierten, als „Frischfleisch" in Spanien. Ständig summten sie allein an mich herum, während die Schüler die ganze Zeit die Szene einfach lächelnd anschauten. Zumindest brachte ich die Schüler zum Lachen.

Zudem verstand ich auch, warum die Regelung lautete, nicht mit den Schülern auf Spanisch sprechen. Einmal schaute ich aus dem Fenster des Klassenzimmers im ersten Stock hinaus. Zufällig sah ich einen Schüler, während er schwerfällig zum Unterricht ankam.

„Beeil dich!", schrie ich ihn an. Als er nicht darauf reagierte, fügte ich hinzu: „Mueve la Colita!" („Beweg dich" auf Spanisch). Das hörte der Schüler doch, der sofort grinsend nach oben rannte und anfing, fließend Spanisch zu mir sprechen. Ich verstand überhaupt nichts! Mein Fehler. Von diesem Zeitpunkt an redete ich nur noch Englisch mit den Schülern.

Die Zeit auf Zaragoza war sehr unterhaltsam. Einmal musste ich sogar den Schülern eine Tanzchoreografie zu Musik beibringen.

Aber das Beste daran, ich trinke keinen Alkohol mehr. Dank Spanien rauche ich weder noch trinke ich. Danach fühlte ich mich befreit, und nach einer zwielichtigen Vergangenheit mit Spanien versöhnt.

Die Reise nach Kuba

Jamaika ist das Land meiner Herkunft. Immer wollte ich nach Jamaika reisen, wählte aber immer den falschen Zeitpunkt aus, um dorthin zu reisen. Einmal im Sommer 2002 war ich fest entschlossen, dorthin zu reisen. Leider gab es zu diesem Zeitpunkt die Drohung durch einen Wirbelsturm und Hurrikan auf Jamaika. Die Reise wäre einfach zu gefährlich gewesen.

Da ich trotzdem einfach weg wollte, wurde mir alternativ Kuba vorgeschlagen. Sogar der Flug nach Kuba war turbulent. Unterwegs gab es viel Wind und Regen.

Etwas Interessantes ist über Kuba zu erwähnen: Che Guevara wurde dort wie ein Nationalheld geehrt und gefeiert. Überall waren Bilder von ihm verstreut. Wenn man zehn Kubaner über ihn fragen, kriegt man zehn unterschiedliche Geschichten von seinen Heldentaten. Ich gebe zu, am Ende war ich auch von Che Guevara begeistert. Auf Santa Clara besuchte ich einmal sogar das Museum, in dem sowohl seine Asche als auch die Asche seiner Mitkämpfer liegen. Zudem sah ich den Standort einer Schießerei zwischen Che Guevara und seinen Mitkämpfern und ihren Feinden. An der Wand des Gebäudes konnte man die Löcher vom Kugelhagel deutlich erkennen!

Hochhaus auf Santa Clara, Kuba

Das Verteidigungsministerium, Kuba

Während der Zeit auf Kuba versuchte ich, mit einer ehemaligen Freundin zu tauchen. Zuerst gab es einige Sicherheitsmaßnahmen, die wir unter Wasser befolgen mussten:

- Während des Tauchens bezeichnete der Daumen nach oben: „Schwimm sofort nach oben".
- Wenn jemand mit dem Zeigefinger und dem Daumen einen kleinen Kreis macht, bedeutete das „Alles in Ordnung".

Als ich endlich mal ins Wasser sprang, war es wirklich ein besonderes Erlebnis, Unterwasser zu tauchen. Es war, wie eine neue Welt zu entdecken. Die Farben der Fische waren glänzend und prägnant. Ich schaute zum Tauchlehrer rüber mit dem Daumen nach oben Zeichen. Damit meinte ich aber, alles war wunderbar. Natürlich dachte er, damit wollte ich nach oben schwimmen. Er gestikulierte alarmierend in meine Richtung. Plötzlich kapierte ich meinen Fehler und gab ihn mit dem Zeigefinger und Daumen das „Alles in Ordnung" Zeichen. Unterwasser muss man richtig kommunizieren!

Joanna und ich

Meine Schwester Val gab mir damals den Rat, viele alte Kleiderstücke nach Kuba mitzunehmen. Kuba war bekanntlich ein armes Land. Von daher war mein Koffer mit alten Klamotten vollgepackt. Eines Tages begegnete ich in der Stadt einer Gruppe von einheimischen Kindern, die mich argwöhnisch anschauten. Plötzlich zog ich einige Kleiderstücke aus meinem Koffer. Langsam war ich von Kindern umringt. Alle wollten ein Stück. Bald fühlte mich wie auf einem Basar. Ständig holte ich die Kleiderstücke aus dem Koffer raus. Am Ende stellte sich der Führer der Gruppe vor mich hin und sagte in gebrochenem Englisch: „Dankeschön." Ich weinte fast.

Jeder sollte nach Kuba reisen, um richtig zu schätzen, was sie zuhause haben. Zwar waren die Menschen auf Kuba arm, trotzdem glücklich.

Wackeliges Zuhause

Trotz allem fühle ich mich in meiner neuen Wohnung in Deutschland sehr wohl. Aber die Reise bis hierher war nicht so einfach: Zuerst wohnte ich in einer Kleinstadt zusammen mit meiner deutschen Freundin, deren Familie auch nicht weit entfernt um die Ecke wohnte. Ständig kamen sie zum Besuch vorbei. Die emotionale Bindung meiner Freundin zu ihren Eltern ging mir langsam auf die Nerven. Letztendlich fand ich die Lage unerträglich und zog weiter in eine Wohnung im Dachgeschoss eines Hauses um.

Umzug

Viele Jahre lief alles reibungslos in der neuen Dachwohnung, aber anschließend wurde dieses Haus verkauft. Zudem gab es leider immer Schwierigkeiten mit dem neuen Besitzer. Er war nämlich nicht begeistert, das Haus zum Schnäppchenpreis zu kaufen mit mir da darin! Ständig versuchte er, mich durch Einschüchterung zu zwingen, das Haus zu verlassen. Aber das Gesetz war auf meiner Seite, da ich den Mieterschutz hatte. Aus Trotz schaltete er oftmals sogar die Heizung allein in meiner Wohnung im Winter aus! Sehr unangenehm. Anschließend zog ich weiter in meine jetzige Wohnung um: ein Schlafzimmer, geräumig, im ersten Stock, mit einem schönen Blick auf die Landschaft.

Ende gut, alles gut!

Versichertes Zuhause

An dieser Stelle sollte ich erwähnen, dass ich ursprünglich aus London komme, der Hauptstadt von England. Jetzt wohne ich in einer Kleinstadt in Deutschland. Oft stellt mir jemand die Frage: „Wie kommt man von London nach Unterkochen?"

Darauf antworte ich zum Spaß: „Mit dem Flugzeug!"

Langsam merke ich, dass die Mentalität in einer Kleinstadt wie Unterkochen deutlich anders tickt. Hinzu kommt, dass ich als einziger Schwarzer in der Nachbarschaft auch eine gehörige Portion von Misstrauen, Rassismus, Neid und Missgunst erfahre. Aber wie mein Bruder zu sagen pflegte: „Man muss sowohl die Gerade als auch die Ungerade annehmen."

Zeit der Trauer

Seit 7 Jahren wohne ich in dieser Wohnung. In den frühen Jahren hatte ich ständig mit der Trauer zu kämpfen. Sowohl meine Schwester als auch mein Vater starben in London. Meine Schwester starb im Jahr 2014, nachdem sie ihren langen Kampf gegen den Brustkrebs verlor. Diesen erbte sie leider von ihrer Mutter. Am Ende verbreitete sich der Krebs zum Gehirntumor. Immer noch erinnere ich mich an unser letztes Telefongespräch.

Obwohl sie 4 Jahre älter als ich war, klang sie diesmal wie ein Kind. Es war schmerzvoll anzuhören. Sie starb einige Tage danach im Alter von 56.

Später im Jahr 2016 starb auch mein Vater im Alter von 94.

Aber das Leben geht weiter …

Der beste Job

Zweifellos war für mich die Beschäftigung beim Fortbildungszentrum das Beste. Während der Periode der Arbeitslosigkeit in Deutschland erkundigte ich mich ganz zufällig beim Zentrum, einem lokalen Arbeitsbeschaffungsprogramm u. a. für arbeitslose Jugendliche. Beim Vorstellungsgespräch zeigte die Leiterin viele Begeisterung, um mich als Deutschlehrer einzustellen. Natürlich war ich zuerst verblüfft von ihrer Begeisterung. Langsam verstand ich den Grund: Die Klasse war mit überwiegend schwarzen Flüchtlinge voll. Aus Ländern wie Kamerun, Nigeria sowie der Elfenbeinküste stammten sie. Natürlich nahm ich die Stelle an. In Vollzeit unterrichtete ich Deutsch als Fremdsprache.

Zudem bot ich einmal die Woche Computerhilfe für Flüchtlinge an. Manche Flüchtlinge dort hatten überhaupt keine Erfahrung am Computer. Ich musste sie dazu bringen, allein im Internet zu recherchieren, um die Arbeitsplätze zu lokalisieren.

Da die Flüchtlinge überwiegend Französisch sprachen, könnte ich auch gelegentlich meine Französischkenntnis demonstrieren. In dieser Stelle hatte ich das Gefühl, endlich mal etwas zu bewirken. Zum ersten Mal fühlte es sich an, etwas aus Pflicht getan zu haben. Anscheinend genossen die Flüchtlinge des Programms auch, endlich mal einen Lehrer mit ähnlicher Hautfarbe gefunden zu haben!

Leider war ich nur für ein 3monatiges Programm eingestellt, nur zweimal in einem Jahr ausgeführt. Aber einem geschenkten Gaul …

„Es geht alles um die Hochschule"

Es ist immer erstaunlich, wie viel das Leben an der Hochschule uns für die Zukunft vorbereitete. Verblüffend auch, wie oft die Erfahrungen an der Hochschule von damals mit dem Leben danach vergleichbar sind. Z. B. Gruppenzwang, Ausgrenzung, Mobbing und Neid. Wo ich jetzt wohne, ist es genauso. Die Kulturgruppen entwickeln sich, und diese Leute bleiben fest miteinander verbunden, genau wie an der Hochschule: Auf einer Seite liegt die deutschen „Clique", auf der anderen Seite liegen Ausländer aus Kroatien, Serbien und Italien gemischt. Diese Rassentrennung bringt viele Erinnerung an die Hochschule zurück:

Als ich als Austauschstudent in Frankreich im Jahr 1995 mein Baccalaureat machte, blieben damals auch die französischen Studenten immer fest aneinander verbunden. Für Ausländer war es schwer, sich zu integrieren, es sei denn, die Ausländer hatten etwas anzubieten. In meinem Fall konnte ich Nachhilfe auf Englisch anbieten, um die französischen Studenten anzulocken. Die Nachhilfe auf Englisch war sozusagen mein „Fuß in der Tür".

Neulich erinnerte mich auch an eine schon längst vergessene Situation. Während meiner Tätigkeit als Wirtschaftsenglischlehrer an der Hochschule kam während der Mittagspause eine junge populäre im Büro arbeitende Mitarbeiterin überraschend zu meinem Tisch rüber. Sie wollte nämlich geschäftlich ins Ausland reisen und bat mich als erfahrenen Ausländer um Hilfe. Plötzlich war ich im Trend! Jedoch trügt der Schein, denn sie verschwand wieder, sobald sie die Beratung bekommen hatte. Ich war nur ein Mittel zum Zweck.

Auch vor kurzem, direkt vor meinen Augen, wurde ich Zeuge von etwas ähnliches. Manchmal ist es besser als Fernsehen, einfach aus dem Fenster schauen, um zu sehen, wie sich die Gruppenbildung entwickeln. Diesmal saß eine deutsche Nachbarin überraschend am Tisch mit einigen ausländischen Nachbarinnen. Die deutsche Nachbarin war gerade dabei, etwas aus einem Buch den anderen Frauen auf Deutsch erklären. Plötzlich sah ich mich am Tisch sitzend neben der junge populäre im Büro arbeitende Mitarbeiterin von damals. Alles ist Hochschule!

Rückblickend waren die an der Universität erfahrene Einsamkeit sowie die Ausgrenzung wegen der Gruppenbildung so etwas wie eine Kostprobe für alles, was beim Leben in Deutschland danach auf mich zukam.

Verschlechterung der Behandlung von Schwarzen

Aus meiner Sicht gibt es deutlich eine Verschlechterung der Behandlung von Schwarzen in Deutschland. Als ich 1999 nach Deutschland kam, wurde ich wie eine neue Erscheinung begrüßt. Oftmals wurde ich sogar höflich nach meiner Herkunft gefragt. Einmal in einer Kneipe fragte mich eine Dame: „Aus welchem Teil Afrikas kommst du?" (sie hatte angenommen, dass ich von irgendwo aus Afrika stammte).

Ich antwortete höflich: „Ich komme nicht ursprünglich aus Afrika, sondern aus Jamaika."

„Genau, sage ich doch, Afrika!", antwortete sie. (?)

Als Jamaikaner kann ich ehrlich sagen, dass meine Erscheinung in Deutschland ziemlich selten ist. Die überwiegend schwarzen Afrikaner haben einen schlechten Ruf. Die meisten Afrikaner, die ich kenne, wohnen eng im Flüchtlingslager zusammen.

2014 entschied Frau Merkel, als europäischer Partner gehöre auch es dazu, die Grenzen zu öffnen und zahlreiche Flüchtlinge in Deutschland unterzubringen. Jedoch wurde diese Entscheidung nie durch ein Publikumsvotum getroffen. Viele Leute waren dagegen.

Frau Merkel tat mir unabsichtlich keinen Gefallen, ich wurde von diesem Zeitpunkt an anders betrachtet. Viele Flüchtlinge hatten nämlich dieselbe Hautfarbe wie ich. Zum Spaß dachte ich, es hilft nur, wenn meine Aufenthaltserlaubnis in aller Öffentlichkeit auf einem Stern steht! Ich habe durchaus nichts gegen meine afrikanischen Cousinen, möchte aber nicht ständig mit ihnen verglichen werden. Als Jamaikaner sehen wir sofort den Unterschied zwischen Jamaikaner und Afrikaner. Leider gibt es sehr wenig Jamaikaner in Deutschland.

Hau ab!

Mittlerweile wird bei mir in die Nachbarschaft die Gruppenbildung offensichtlicher. Wenn ich morgen umziehen würde, schmeißen die Nachbarn sicherlich wochenlang ein großes Fest. Neulich wünschten viele meiner Nachbarn, dass ich nach Afrika zurückkehren soll. Als ob ich von da ursprünglich nach Deutschland gekommen wäre! Im Gegenteil: das lieferte mir alles den Anreiz, länger hier zu bleiben. Momentan bin ich von allem ausgegrenzt. Schon wieder denke ich über die Zeit an der Hochschule nach. Alles ist Hochschule!

Für mich gibt's momentan nichts Besseres, als Radio zu hören, um die deutsche Sprache in aller Ruhe genießen. Es geht nichts darüber, die deutsche Sprache einfach aufzusaugen. Es gibt immer etwas Neues zu entdecken.

COVID-19

Neulich wurde berichtet, dass die meisten Deutschen die Ausländer als Hauptgrund für die Verbreitung von COVID19 in Deutschland betrachten. Hinzu kommt eine Steigerung von Angriffen auf Ausländer in Deutschland. Ich persönlich lasse mich einmal die Woche testen. Seit 2 Monaten lege ich immer ein negatives Testergebnis vor Wenn es nur möglich wäre, dass diese Tatsache auch noch auf der Stirn steht.

Zurzeit scheint es so, dass es einen Kampf gibt, um verfügbare Impftermine zu ergattern. Sicherlich wird es im Lauf der Zeit einfacher. Schließlich soll es meiner Meinung nach ein Grundrecht sein, und nicht ein Privileg, um die Impfung überhaupt zu bekommen. Mittlerweile bin ich zweimal geimpft und auch noch geboostert worden.

Trotz allem macht's Spaß, in Deutschland zu sein, und es erstaunt mich immer wieder, wie weit das wahre Leben vom Leben an der Hochschule von damals geprägt wird!

Der Autor

Marcus Brown wurde 1962 in England geboren
und ist dort aufgewachsen.

Schon sehr früh entdeckte er seine Begabung
für Fremdsprachen. Sowohl Deutsch als auch
Französisch haben seine berufliche Laufbahn
bis heute stark geprägt. Einen internationalen
Studiengang „moderne Sprachen" schloss er mit
dem Baccalaureat ab.

Nach einer überwiegenden Tätigkeit in England im
Verkauf war er in Deutschland als Englischlehrer
und als Lehrer für Deutsch als Fremdsprache sowie
als Englisch-Übersetzer tätig.

Marcus Brown betrachtet sich selbst als
„Überlebender"! Trotz früh im Leben erlittener
traumatischer Erlebnisse kämpft er sich weiter
durchs Leben. Zu seinen Lieblingsbeschäftigungen
gehört das Lesen, aber ein Boxsack und ein
Crosstrainer sorgen auch für körperliche Fitness.